¿Estamos en los últimos días?

Los minilibros de *Preguntas cruciales* proporcionan una introducción rápida a las verdades cristianas fundamentales. Esta creciente colección incluye títulos como:

¿Qué es la fe?

¿Puedo tener gozo en mi vida?

¿Qué puedo hacer con mi culpa?

¿Puedo estar seguro de que soy salvo?

¿Qué es el bautismo?

¿Controla Dios todas las cosas?

¿Cómo debo vivir en este mundo?

¿Qué es la Trinidad?

¿Quién es el Espíritu Santo?

¿Qué significa nacer de nuevo?

PARA VER EL RESTO DE LA SERIE, VISITA:

PREGUNTASCRUCIALES.COM

PC

¿Estamos en los últimos días?

R.C. SPROUL

¿Estamos en los últimos días?

es.Ligonier.org Poiema.co

Publicado originalmente en inglés bajo el título
Are These the Last Days?
por Ligonier Ministries
421 Ligonier Court, Sanford, FL 32771
Ligonier.org

Impreso en China
Amity Printing Company
0000923

Primera edición

ISBN 978-1-64289-586-5 (Tapa rústica)
ISBN 978-1-64289-587-2 (ePub)

Diseño de portada: Ligonier Creative
Diseño interior: Katherine Lloyd, The DESK
Traducción al español: Ministerios Ligonier
Diagramación en español: Poiema Publicaciones

SDG

Contenido

Capítulo uno

La destrucción del templo

A mediados del siglo XIX, una gran hambruna de patatas golpeó a la nación de Irlanda. Multitudes de personas que enfrentaban la inanición huyeron a otros países en busca de sustento. Algunos abordaron barcos y navegaron hacia el Nuevo Mundo, de los cuales muchos finalmente desembarcaron en Nueva York. Entre esos inmigrantes estaba mi bisabuelo, quien llegó a Estados Unidos desde Donegal, en la provincia norteña de Ulster.

Como quería que sus hijos y nietos recordaran su herencia, él contaba historias de días pasados en Irlanda e incentivó a toda la familia a aprender las canciones del pueblo irlandés. Mi madre nos cantaba canciones de cuna irlandesas y nos permitía a mi hermana y a mí faltar a la escuela cada año, en el Día de San Patricio, tiempo en que las radioemisoras de Pittsburgh tocaban canciones irlandesas todo el día.

Sin embargo, hasta el día de hoy, yo me considero más estadounidense que irlandés. Aunque he ido a Europa varias veces, aún no he vuelto a Irlanda. Por otra parte, mi hijo ha sido más celoso respecto a nuestra ascendencia, asegurándose de que sus ocho hijos tengan nombres irlandeses. Como tributo a su ascendencia, usó una falda de tartán irlandesa en su servicio de ordenación.

En mi casa, dejamos atrás muchos de los distintivos de nuestra identidad étnica, pero para un judío de la antigüedad, ciertamente este no habría sido el caso. Los judíos son uno de los grupos de personas más notables que haya poblado la tierra. Solo en el primer siglo d. C., su nación fue conquistada, su templo destruido y su capital, Jerusalén, fue quemada hasta los cimientos, y se estima que 1,1 millones de judíos fueron muertos. Después de esto, la mayoría de los judíos se dispersaron hacia los cuatro rincones de la tierra. Partieron hacia lo que son las actuales naciones de Rusia, Polonia, Hungría, Alemania y Holanda, y a muchos otros lugares. Aunque los judíos han estado sin una patria durante la mayor parte de los últimos dos milenios, nunca han perdido su identidad étnica ni nacional.

Este fenómeno notable se predijo detalladamente en el discurso del monte de los Olivos.

El discurso de Mateo 24, uno de los capítulos más importantes y controvertidos de todo el Nuevo Testamento, es una de las profecías más dramáticas de nuestro Señor:

> Cuando Jesús salió del templo, *y* se iba, se acercaron Sus discípulos para mostrarle los edificios del templo. Pero Él les dijo: «¿Ven todo esto? En verdad les digo *que* no quedará aquí piedra sobre piedra que no sea derribada».
>
> Estando Jesús sentado en el monte de los Olivos, se acercaron a Él los discípulos en privado, y le preguntaron: «Dinos, ¿cuándo sucederá esto, y cuál *será* la señal de Tu venida y de la consumación de *este* siglo?»...
>
> «De la higuera aprendan parábola: cuando su rama ya se pone tierna y echa las hojas, saben que el verano está

> cerca. Así también ustedes, cuando vean todas estas cosas, sepan que Él está cerca, a las puertas. En verdad les digo que no pasará esta generación hasta que todo esto suceda. El cielo y la tierra pasarán, pero Mis palabras no pasarán» (Mt 24:1-3, 32-35).

Antes de analizar este texto, quisiera que imagines un escenario hipotético. Supongamos que yo afirmara que anoche recibí una revelación especial de Dios. Declaro que ahora tengo el don de profecía y te haré una predicción de cosas que deben acontecer. Predigo que en algún momento, dentro de doce meses, Estados Unidos va a caer, el edificio del Capitolio en Washington será destruido, la Casa Blanca será demolida, se disolverán los cincuenta estados de la unión, y Estados Unidos dejará de existir como nación independiente. Finalmente, no sé el momento exacto, sino solamente que sucederá dentro de los próximos doce meses.

Sin duda, dentro de los siguientes doce meses se sabría con certeza si mi afirmación fue verdadera o falsa. Si nada sucede, habría motivo justificado para catalogarme como un falso profeta que no merece atención.

Con esta ilustración quiero demostrar lo que está en juego en el texto. De toda la Biblia, no puedo pensar en ninguna profecía más sorprendente que la que entregó nuestro Señor Jesús en el monte de los Olivos respecto al templo y a Jerusalén. En el relato de Lucas, Jesús les dijo a los discípulos que ni una piedra del templo herodiano quedaría sobre otra, y que la propia ciudad de Jerusalén sería pisoteada (Lc 21:6, 24). Fue una declaración realmente impactante. El templo de Herodes era magnífico, por decir lo menos. El tamaño de las piedras del templo era de cinco metros de largo por dos y medio de alto. En el primer siglo, si había un edificio que parecía inexpugnable, era el templo de Jerusalén. Cuando Jesús hizo esta predicción, el pueblo judío debió considerarlo o un lunático o bien un profeta dotado de conocimiento sobrenatural.

Desde luego, sabemos que Jesús tenía autoridad para hacer estas afirmaciones, y la historia le ha dado la razón. Estas cosas acontecieron con todos sus detalles. Como predijo Jesús, el templo fue destruido el año 70 d. C. y los judíos se dispersaron por todo el mundo. Esta profecía sobre la destrucción de Jerusalén y el templo proporciona una prueba firme de la identidad de Jesús y la inspiración de la Escritura por el Espíritu Santo, y debería cerrar la boca del escéptico más endurecido.

Después de que Jesús hizo esta predicción asombrosa, los discípulos vinieron a Él inmediatamente y quisieron saber el momento exacto de Sus predicciones. Entonces Jesús inició una exposición extensa de las señales de los tiempos e hizo una descripción de la Gran Tribulación y de Su retorno.

En días recientes, estos temas han cobrado gran interés. Libros tales como *La agonía del gran planeta tierra*, de Hal Lindsey, y la serie *Dejados atrás* han ganado una enorme popularidad. Todo el mundo está interesado en el momento exacto y los pormenores del retorno de Jesús. Sin embargo, la respuesta de Jesús a la pregunta por el tiempo, nos plantea algunos desafíos. En el versículo 34, Él dice: «En verdad les digo que no pasará esta generación hasta que todo esto suceda».

¿Ves la dificultad? Para los judíos, el término *generación* se refería a un período de aproximadamente cuarenta años. Por lo tanto, al parecer Jesús estaba diciendo que la destrucción del templo, la destrucción de Jerusalén y

Su aparición al final de la era iban a acontecer dentro de cuarenta años. Por ello, muchos críticos rechazan a Jesús porque creen que Él estaba diciendo que Su retorno, el fin del mundo y la consumación de Su reino acontecerían dentro de cuatro décadas.

¿Cómo abordamos este asunto? Los críticos lo tratan de forma muy simple. Dicen que en Sus predicciones, Jesús estaba parcialmente en lo cierto y parcialmente errado. Por lo tanto, era un falso profeta. Otros dicen que en Su predicción estaba completamente en lo cierto y que todas las profecías del Nuevo Testamento (es decir, Su regreso, la futura resurrección, el rapto de los santos, etc.) se cumplieron en el primer siglo y no quedó nada para cumplimiento futuro. Yo discrepo de ambas posturas.

Estoy convencido de que lo que Jesús está diciendo en este pasaje se refería especialmente a un juicio de Cristo que vendría sobre la nación judía, concluyendo así la era de los judíos. Esta era judía concluyó con la destrucción de Jerusalén y la dispersión de los judíos, lo cual detonó el comienzo del período del Nuevo Testamento, que más tarde se denomina «el tiempo de los gentiles». Aquí es donde aún nos encontramos hoy en día.

En los siguientes capítulos, voy a interpretar el discurso del monte de los Olivos de un modo que me parece coherente con la forma en que lo habrían entendido los discípulos en ese entonces. Cuando le preguntaron a Jesús cuándo sucedería estas cosas, Él responde: «No puedo decirles el día y la hora, pero puedo decirles con absoluta certeza que esta generación no pasará antes que acontezcan todas estas cosas». Creo que nuestro Señor estaba diciendo la pura verdad.

Capítulo dos

Las señales de los tiempos

En el capítulo anterior, mencioné las dificultades que acompañan a la predicción de Jesús sobre la destrucción de Jerusalén y el templo. Jesús hizo la declaración enfática de que la generación de Sus oyentes no pasaría antes del «fin». Como vimos en el capítulo anterior, esto crea muchas dificultades para la interpretación, especialmente respecto al regreso final de Jesús. ¿Cómo debemos entender Sus palabras respecto a Su regreso, el último tiempo y el evangelio que es predicado a todas las naciones? ¿Estaba errado Jesús en Su marco de tiempo?

¿Cómo armonizamos este relato? Partamos por dar una mirada más de cerca a los versículos 3-14 de Mateo 24.

> Estando Jesús sentado en el monte de los Olivos, se acercaron a Él los discípulos en privado, y le preguntaron: «Dinos, ¿cuándo sucederá esto, y cuál será la señal de Tu venida y de la consumación de este siglo?».
>
> Jesús les respondió: «Tengan cuidado de que nadie los engañe. Porque muchos vendrán en Mi nombre, diciendo: "Yo soy el Cristo", y engañarán a muchos. Ustedes van a oír de guerras y rumores de guerras. ¡Cuidado! No se alarmen, porque es necesario que *todo esto* suceda; pero todavía no es el fin. Porque se levantará nación contra nación, y reino contra reino, y en diferentes lugares habrá hambre y terremotos. Pero todo esto *es solo el* comienzo de dolores.
>
> Entonces los entregarán a tribulación, y los matarán, y serán odiados de todas las naciones por causa de mi nombre. Muchos se apartarán de la fe entonces, y se traicionarán unos a otros, y unos a otros se odiarán. Se levantarán muchos falsos profetas, y a muchos engañarán. Y debido al aumento

de la iniquidad, el amor de muchos se enfriará. Pero el que persevere hasta el fin, ese será salvo. Y este evangelio del reino se predicará en todo el mundo como testimonio a todas las naciones, y entonces vendrá el fin».

Al sugerir posibles formas de entender este texto, tenemos que andar con mucho cuidado y con una medida considerable de humildad. Aunque he lidiado con este pasaje durante muchos años, no propongo una interpretación infalible. Si bien estoy convencido de que mis conclusiones tienen su mérito, estoy consciente de que muchos cristianos a través de la historia han debatido esta materia y han llegado a conclusiones distintas. Yo simplemente sumo mi voz a la discusión.

Como ya mencioné en el capítulo anterior, históricamente ha habido diversas formas de interpretar las palabras de Jesús en Mateo 24. Algunos críticos dicen que Jesús simplemente estaba equivocado y, por lo tanto, lo consideran un falso profeta. Otros han tratado de interpretar el término *generación* como algo distinto a un período de unos cuarenta años. Aun otros han argumentado que Jesús solo estaba hablando del futuro inmediato y no de Su segunda venida y el fin de la historia tal como la conocemos. Otros han señalado una doble aproximación al cumplimiento, un cumplimiento primario en el primer siglo y un cumplimiento definitivo al final de la historia. Este suele ser el caso de las profecías del Antiguo Testamento.

El versículo 3 dice: «Dinos, ¿cuándo sucederá esto, y cuál será la señal de Tu venida y de la consumación de este siglo?» (v. 3b). Debemos ser cautelosos al analizar la pregunta de los discípulos. ¿Qué quisieron decir con «siglo»? En general, muchos dicen que «la consumación de este siglo» se refiere al retorno de Jesús para consumar Su reino aquí en la tierra. ¿Pero podría haber otras interpretaciones posibles? Normalmente, cuando hablamos de «la consumación o el final de un siglo o de una edad», nos referimos a una época en particular definida por ciertas características, tales como el Siglo de Oro, la Edad de Hierro, la Edad de Bronce o la Edad de Hielo. Muchos creen que este pasaje está haciendo una distinción entre la edad de los judíos y la edad de los gentiles.

Para explorar el significado de «la consumación de este siglo», consideremos el relato de Lucas del discurso del monte de los Olivos, que nos da más información:

> Pero cuando ustedes vean a Jerusalén rodeada de ejércitos, sepan entonces que su desolación está cerca. Entonces los que estén en Judea, huyan a los montes, y los que estén en medio de la ciudad, aléjense; y los que estén en los campos, no entren en ella. Porque estos son días de venganza, para que se cumplan todas las cosas que están escritas.
>
> ¡Ay de las que estén encinta y de las que estén criando en aquellos días! Porque habrá una gran calamidad sobre la tierra, e ira para este pueblo. Caerán a filo de espada y serán llevados cautivos a todas las naciones. Jerusalén será pisoteada por los gentiles, hasta que los tiempos de los gentiles se cumplan (Lc 21:20-24).

Jesús advierte a Sus seguidores de lo que deben hacer cuando vean que los ejércitos rodean Jerusalén. El consejo que da es totalmente contrario a cualquier respuesta habitual ante un ejército invasor o un asedio militar. En el mundo antiguo, en caso de invasión, la gente abandonaba sus casas y posesiones y huía para refugiarse en una ciudad amurallada. Esta es la razón por la que había murallas alrededor de las ciudades en el mundo antiguo. Se construían como defensa contra los invasores.

Cuando Jesús pronunció estas palabras, los muros de Jerusalén medían cuarenta y cinco metros de alto. Cuando los romanos atacaron Jerusalén en el año 70 d. C., tuvieron que sitiar la ciudad, e incluso con su poder militar, traspasar aquellos muros les pareció una tarea titánica. El asedio duró varios meses, tanto que al final de la lucha, al monte de los Olivos ya no le quedaba ningún olivo. Los soldados romanos que acamparon en el monte habían cortado todos los árboles y los habían quemado para calentarse.

Pero Jesús dijo: «Cuando vean la llegada de los ejércitos, no vayan a la ciudad. Vayan a los montes. Vayan al desierto. Vayan a cualquier lugar excepto a Jerusalén, porque en Jerusalén no hallarán seguridad, solo destrucción».

Cuando Jerusalén cayó y la ciudad fue destruida, murieron más de un millón de judíos. Pero los cristianos siguieron el consejo de Jesús y huyeron más allá de la ciudad. El relato de Lucas dice que estos serán «días de venganza», lo que significa que la ira de Dios se derramó sobre Su pueblo. Cuando Jesús lloró por Jerusalén, estaba llorando por Su pueblo, que lo repudió y sufriría el castigo por este rechazo.

No debemos pasar por alto esta porción de Lucas 21: «Caerán a filo de espada y serán llevados cautivos a todas las naciones. Jerusalén será pisoteada por los gentiles, hasta que los tiempos de los gentiles se cumplan» (v. 24). Todo esto aconteció. Jesús hizo una distinción entre los tiempos de los gentiles y los tiempos de los judíos. En Romanos 11, Pablo trata el asunto del Israel étnico y si Dios obrará de nuevo con el pueblo judío. Dice que una vez se cumpla el tiempo de los gentiles, habrá un nuevo acercamiento al Israel étnico.

Nunca olvidaré cuando en 1967 vi las noticias sobre los judíos que luchaban por la ciudad de Jerusalén. Cuando llegaron al Muro de los Lamentos, los soldados judíos arrojaron sus fusiles y corrieron al último muro del templo en pie y comenzaron a orar. Yo lloré porque lo que veía era muy impresionante. ¿Era el cumplimiento de Lucas 21? Los estudiosos bíblicos estaban leyendo la Biblia en una mano y el diario en la otra, y se preguntaban: «¿Estamos ahora cerca del fin del tiempo de los gentiles?».

En el discurso de los Olivos, estoy convencido de que cuando Jesús habló de la «consumación de este siglo» no se refería al fin del mundo, sino al fin de la era judía. Cuando cayó Jerusalén, concluyó la edad de los judíos, que se extendió desde Abraham hasta el 70 d. C. Eso marcó el comienzo del tiempo de los gentiles.

No obstante, al responder la pregunta de los discípulos sobre cuándo sucederían estas cosas, Jesús hizo algunas advertencias. Él no quería que ellos se engañaran pensando que el fin ya había llegado cuando no era así, así que les dio una lista de lo que podemos llamar «señales de los tiempos». Estas eran señales que debían suceder antes de que llegara el fin. La mayoría cree que Jesús estaba describiendo las señales que vendrán justo antes de la consumación final de Su reino. Entonces tenemos una tendencia a poner mucha atención a los hechos actuales, preguntándonos si ellos presentan alguna prueba de que estamos en los últimos tiempos. Pero si miramos atentamente este pasaje, descubrimos que Jesús no está hablando de las señales que gatillan el fin de los tiempos, sino de las señales que debían suceder antes de la destrucción de Jerusalén. Observa el pasaje con mayor detenimiento:

> Porque muchos vendrán en Mi nombre, diciendo: «Yo soy el Cristo», y engañarán a muchos. Ustedes van a oír de guerras y de rumores de guerras. ¡Cuidado! No se alarmen, porque es necesario que *todo esto* suceda; pero todavía no es el fin. Porque se levantará nación contra nación,

> y reino contra reino, y en diferentes lugares habrá hambre y terremotos. Pero todo esto *es solo el* comienzo de los dolores (Mt 24:5-8).

Reflexiona sobre estas señales: personas que pretenden ser el Cristo, falsos profetas, guerras y rumores de guerra, hambres, pestilencias y terremotos. ¿De qué manera pueden estos hechos ser señales? ¿Cuándo no ha habido guerras y rumores de guerra? ¿Cuándo no ha habido terremotos? ¿Cuándo no ha habido hambre? Además, siempre ha habido falsos profetas y falsos Cristos. Si estas cosas han estado siempre con nosotros, ¿en qué sentido podrían ser señales?

Para que estas cosas sean señales, tendrían que suceder en una forma significativa y en un período significativo. Ese es precisamente el sentido de la palabra *significativo*: literalmente, «que tiene valor de signo». El problema se complica aún más si asumimos que Jesús no está hablando de señales que los propios discípulos observarían, sino de señales que ocurrirían dos mil años después.

El historiador judío Josefo escribió mucho sobre estas señales que mencionó Jesús. Él escribió sobre los numerosos falsos profetas entre los judíos, de los cuales muchos pretendían ser el Mesías. Él también reportó cuatro hambrunas severas entre el 41 d. C. y el 50 d. C. en las cuales mucha gente murió de hambre. Él informa sobre dos graves terremotos, uno durante el reinado de Calígula y el segundo durante el reinado de Claudio. Luego vino Nerón, quien dio inicio a una gran persecución contra los cristianos. Jesús alude a esto: «Entonces los entregarán a tribulación, y los matarán, y serán odiados de todas las naciones por causa de mi nombre. Muchos se apartarán de la fe entonces, y se traicionarán unos a otros, y unos a otros se odiarán» (Mt 24:9-10).

Jesús habla de Sus seguidores siendo perseguidos, siendo asesinados y traicionándose unos a otros. Esto también ocurrió bajo el reinado de Calígula y Nerón. El gran incendio que destruyó a Roma fue iniciado por Nerón, según se cree. Pero con el fin de evadir la culpa, él acusó a los cristianos de iniciar el fuego, lo cual desencadenó un tiempo de gran persecución. Incluso usó a los cristianos como antorchas humanas para iluminar jardines, y en su demencia desató una terrible persecución contra los judíos, especialmente los que estaban en Roma. Él mató a muchos de los líderes cristianos, incluyendo a los apóstoles Pablo y

Pedro. De seguro esto fue el cumplimiento de lo que Jesús dijo a Sus discípulos.

Jesús demostró que estaba en lo cierto. Todo lo que Él dijo que sucedería realmente aconteció. Y sucedió de una forma significativa para las personas a las que Jesús hizo estas advertencias. Él no estaba haciendo advertencias a Sus discípulos del primer siglo sobre lo que iba a suceder en el siglo XXI. Él estaba diciendo: «Estén vigilantes sobre lo que suceda de aquí hasta la destrucción de Jerusalén». Pero Él tenía mucho más que decir, incluyendo la advertencia sobre la aparición de la «abominación de la desolación». Abordaremos esta enseñanza en el siguiente capítulo.

Capítulo tres

La Gran Tribulación

En el año 168 a. C., el gobernador pagano Antíoco IV Epífanes tuvo la osadía de construir un altar pagano en el templo judío. En lugar de sacrificar toros, machos cabríos o corderos, él profanó el templo sacrificando un cerdo. Esto era el colmo de la blasfemia, porque para los judíos los cerdos eran inmundos. Este sacrilegio repulsivo provocó una de las revoluciones judías más importantes contra los invasores extranjeros.

Debemos entender cuán importante era y es la santidad de Dios para el pueblo judío. Los judíos creían que el templo era sagrado y santo porque el Santo de Israel habitaba en él. Para ellos, este era el lugar más sagrado del mundo. Contaminarlo con sacrificios paganos era el mayor insulto que se podía cometer contra Israel.

Los judíos fieles vieron en esta atrocidad el cumplimiento de una profecía que se encuentra en el libro de Daniel, que se refiere a la «abominación desoladora» o la «abominación de la desolación» (Dn 9:27; 11:31; 12:11). Jesús se apoya en este término al continuar Su discurso de los Olivos:

> Por tanto, cuando ustedes vean la ABOMINACIÓN DE LA DESOLACIÓN, de que se habló por medio del profeta Daniel, colocada en el lugar santo, y el que lea que entienda, entonces los que estén en Judea, huyan a los montes. El que esté en la azotea, no baje a sacar las cosas de su casa; y el que esté en el campo, no vuelva atrás a tomar su capa. Pero ¡ay de las que estén encinta y de las que estén criando en aquellos días!
>
> Oren para que la huida de ustedes no suceda en invierno, ni en día de reposo. Porque habrá entonces

una gran tribulación, tal como no ha acontecido desde el principio del mundo hasta ahora, ni acontecerá jamás. Y si aquellos días no fueran acortados, nadie se salvaría; pero por causa de los escogidos, aquellos días serán acortados.

Entonces si alguien les dice: «Miren, aquí *está* el Cristo», o «Allí *está*», no *lo* crean. Porque se levantarán falsos Cristos y falsos profetas, y mostrarán grandes señales y prodigios, para así engañar, de ser posible, aun a los escogidos. Vean que se lo he dicho de antemano. Por tanto, si les dicen: «Miren, Él está en el desierto», no vayan; o «Miren, Él está en las habitaciones interiores», no *les* crean. Porque así como el relámpago sale del oriente y resplandece hasta el occidente, así será la venida del Hijo del Hombre. Donde esté el cadáver, allí se juntarán los buitres (Mt 24:15-28).

La referencia a la «abominación desoladora» es misteriosa, pero es crucial. Es la señal suprema que indica la cercanía del cumplimiento de estas profecías. La idolatría de Antíoco ciertamente fue abominable, pero este suceso ocurrió en el pasado y Jesús se refiere a algo que acontecería en el futuro. ¿Pero en qué estaba pensando Jesús?

En el año 40 d. C., el emperador Calígula de Roma ordenó que se construyera una estatua con su imagen y fuese puesta dentro del templo. Ya podrás imaginar la provocación que eso significó para el pueblo de Israel. Por la bondad de la providencia de Dios, Calígula murió antes de que ocurriera ese sacrilegio.

En el 69 d. C., un año antes de la destrucción de Jerusalén y del templo, ocurrió un hecho sin precedentes. Una secta de judíos radicales llamados zelotes tomaron el templo por la fuerza y lo convirtieron en una especie de base militar. Los zelotes eran un grupo de judíos apasionados por el derrocamiento violento de sus invasores romanos. Una vez que se apoderaron del templo, cometieron todo tipo de atrocidades en su interior, sin respetar la santidad de Dios. El historiador Josefo expresó su apasionada denuncia de la horrible profanación que los zelotes cometieron contra el templo. ¿Era esto lo que Jesús tenía en mente?

Otra interpretación posible podría ser la presencia de los propios estandartes romanos. Cuando los ejércitos romanos marchaban, portaban sus banderas engalanadas con los estandartes romanos. Para los judíos, estas imágenes eran idolátricas. La presencia de estos estandartes en el templo también habría sido considerada una abominación.

Si bien es difícil saber con certeza en cuál incidente en particular estaba pensando Jesús, lo que sí sabemos es que durante el sitio de Jerusalén Su pueblo siguió Sus instrucciones. Recordemos que en el versículo 16 Jesús dijo: «Los que estén en Judea, huyan a los montes». Esta orden de Jesús debió ser totalmente contraria al sentido común de su audiencia. Cuando llegaba un ejército invasor, el procedimiento normal en el mundo antiguo era huir a la ciudad fortificada inexpugnable más cercana que pudiesen encontrar. Desde luego, en Judea, esa ciudad habría sido Jerusalén. Pero Jesús les dijo a Sus discípulos: «Cuando acontezcan todos estos sucesos, no vayan a Jerusalén. Vayan a los montes; corran a las colinas». Esto es precisamente lo que ocurrió el 70 d. C. Sabemos que murió alrededor de un millón de judíos, pero los cristianos habían huido.

Jesús continúa Sus instrucciones: «El que esté en la azotea, no baje a sacar las cosas de su casa; y el que esté en el campo, no vuelva atrás a tomar su capa. Pero ¡ay de las que estén encinta y de las que estén criando en aquellos días!

Oren para que la huida de ustedes no suceda en invierno, ni en día de reposo» (vv. 17-20). Obviamente se trata de un mensaje de urgencia. Sabemos que los judíos tenían techos planos sobre sus casas a donde se subía por escaleras exteriores. Ellos usaban el techo como un tipo de patio, un lugar de relajo en las tardes a medida que pasaba el calor. Jesús les está diciendo: «No pierdan tiempo alguno. Tan pronto como se enteren de la presencia de la abominación desoladora, partan rápidamente. No empaquen nada. Si están en el campo, no vuelvan a la casa a buscar más ropa. Lo que sea que lleven puesto o en sus bolsos, tomen eso y olviden todo lo demás».

El tono de urgencia vuelve a escucharse en los siguientes versículos. El tiempo apremiaba y, sencillamente, es difícil desplazarse con rapidez cuando se está embarazada o en período de lactancia. El invierno es la estación más difícil para sobrevivir a la intemperie, y si estas señales ocurrieran en día de reposo, habría sido un problema para los judíos debido a la prohibición de viajar largas distancias. Jesús les está diciendo a Sus seguidores que oren para que estas cosas no ocurran en un momento inoportuno, de modo que nada impida su escape.

Él prosigue en los versículos 21-22: «Porque habrá entonces una gran tribulación, tal como no ha acontecido desde el principio del mundo hasta ahora, ni acontecerá jamás. Y si aquellos días no fueran acortados, nadie se salvaría; pero por causa de los escogidos, aquellos días serán acortados».

Josefo registra que la agitación política en Roma de hecho acortó el asedio destructivo, permitiendo más sobrevivientes de lo que normalmente se habría esperado. En base a lo que sabemos sobre ese período, parece claro que Jesús se refería a un evento futuro cercano para Su público original, no a algo que ocurriría siglos y siglos más tarde.

Luego, Jesús dice en los versículos 23 y 24: «Entonces si alguien les dice: "Miren, aquí *está* el Cristo", o "Allí *está*", no *lo* crean. Porque se levantarán falsos Cristos y falsos profetas, y mostrarán grandes señales y prodigios, para así engañar, de ser posible, aun a los escogidos». En la iglesia, muchos sostienen la postura de que Satanás es tan poderoso como Dios y está enfrascado en un duelo de milagros con Él, realizando prodigios para respaldar sus mentiras. Se cree que estos milagros incluso podrían engañar al pueblo de Dios. Yo no creo ni por un segundo que Satanás tenga o llegue a tener la capacidad de realizar un milagro genuino.

Las señales y prodigios de los falsos Cristos y profetas no son señales ni prodigios auténticos al servicio de una mentira. Más bien son señales y prodigios *falsos*. Son trucos con la finalidad de engañar.

Debería preocuparnos la opinión arraigada en la iglesia que cree que Satanás puede realizar milagros auténticos. En el Nuevo Testamento, los escritores apostólicos apelan a los milagros de Jesús y los apóstoles como prueba de que ellos eran verdaderos agentes de la revelación. Los milagros eran la prueba visible de que Dios estaba con ellos. Pero si Satanás puede hacer un milagro, entonces la postura neotestamentaria de que los milagros son un medio para autenticar el mensaje del evangelio queda invalidada. Cuando ocurre un milagro, ¿cómo se podría saber si fue de Dios o de Satanás? Esto no significa que el pueblo de Dios no pueda ser engañado con artimañas. Está claro que eso es posible, pues de lo contrario Jesús no habría advertido al respecto.

Jesús continúa en los versículos 26-28: «Por tanto, si les dicen: "Miren, Él está en el desierto", no vayan; *o*: "Miren, Él está en las habitaciones interiores", no *les* crean. Porque así como el relámpago sale del oriente y resplandece hasta el occidente, así será la venida del Hijo del Hombre. Donde esté el cadáver, allí se juntarán los buitres». Cuando aparezca Jesús, este momento de juicio catastrófico será como un relámpago. El relámpago destella e instantáneamente cruza el cielo. Ni siquiera da tiempo para medir cuánto dura.

¿Cómo deberíamos entender Su última declaración respecto a los buitres y el cadáver? Uno de los motivos por los que cuesta tanto interpretar la profecía predictiva es que la comprensión de la representación simbólica es compleja. La forma más segura de interpretar las imágenes de la literatura apocalíptica es entender la forma en que esas imágenes se usan a través de toda la Biblia. Este principio puede ayudarnos, pero no siempre resuelve todas las dificultades. Si bien no podemos decir con certeza qué quiere decir Jesús con esta última afirmación, algunos de los estudiosos más hábiles del Nuevo Testamento han sugerido una interpretación creativa. La mayoría de las personas ha visto la manera en que las aves carroñeras vuelan en círculos sobre un animal recién muerto. Es interesante que el símbolo principal del ejército romano era un águila. Quizá Jesús está diciendo que Roma es como un ave rapaz. Dios será el agente de castigo sobre Su pueblo, y justo antes de que Su ira se derrame, «los buitres» estarán rondando.

Capítulo cuatro

La venida del Hijo del Hombre

Se ha dicho que toda la historia de la filosofía no es más que una nota al pie de las teorías de Platón y Aristóteles. Cuando Platón estableció su academia en los alrededores de Atenas, lo que lo impulsaba era una sola pasión en su búsqueda de la verdad. Según Platón, esa pasión era «salvar los fenómenos». ¿Qué quiso decir con eso? Él estaba buscando la verdad objetiva que hace posible el estudio de la ciencia. Solo podemos entender los datos (o fenómenos) observables si tenemos un fundamento seguro donde posicionarnos. Platón buscaba una teoría última que esclareciera todos los misterios e interrogantes de este mundo. Él quería descubrir las ideas que explicarían los datos que nos llegan a través de los cinco sentidos.

El destacado físico teórico Stephen Hawking ha anunciado que no necesitamos a Dios para explicar la creación. Su forma de salvar los fenómenos es afirmar lo que él llama «generación espontánea». Para él, eso significa que el universo se creó a sí mismo. Pero es un completo sinsentido aseverar que algo pueda crearse a sí mismo o pueda llegar a existir por su propio poder.

¿Qué tiene que ver todo esto con el discurso del monte de los Olivos? Muy simple, con respecto al discurso de los Olivos, he estado tratando de salvar los fenómenos. Estoy tratando de construir un marco que nos permita dar sentido a las palabras de Jesús.

Con ese propósito, consideremos lo que Jesús dice después de explicar las señales que vendrían justo antes de la destrucción de Jerusalén y el templo: «Pero inmediatamente después de la tribulación de esos días» (v. 29).

Nuestra sección del pasaje para este capítulo quizá sea la más difícil del discurso del monte de los Olivos. Jesús dice:

> Pero inmediatamente después de la tribulación de esos días, EL SOL SE OSCURECERÁ, LA LUNA NO DARÁ SU LUZ, LAS ESTRELLAS CAERÁN del cielo y las potencias de los cielos serán sacudidas. Entonces aparecerá en el cielo la señal del Hijo del Hombre; y todas las tribus de la tierra harán duelo, y verán al HIJO DEL HOMBRE QUE VIENE SOBRE LAS NUBES DEL CIELO con poder y gran gloria. Y Él enviará a Sus ángeles con UNA GRAN TROMPETA Y REUNIRÁN a Sus escogidos de los cuatro vientos, desde un extremo de los cielos hasta el otro.
>
> De la higuera aprendan la parábola: cuando su rama ya se pone tierna y echa las hojas, saben que el verano está cerca. Así también ustedes, cuando vean todas estas cosas, sepan que Él está cerca, a las puertas. En verdad les digo que no pasará esta generación hasta que todo esto suceda. El cielo y la tierra pasarán, pero Mis palabras no pasarán (Mt 24:29-35).

Imagina que estás con Jesús justo después de escuchar todo lo que ha dicho. Parece obvio que uno querría preguntar: «¿Cuándo sucederán estas cosas?». Él deja claro que estas cosas no sucederán sino después de que otros hechos específicos acontezcan. Luego usa la palabra «inmediatamente» para relatar lo que sucederá a continuación. No dos mil años después, sino *inmediatamente.*

Nuestra tarea interpretativa se vuelve aún más difícil en los versículos siguientes. Por los datos históricos, sabemos que todo lo que Jesús predijo sobre la destrucción de Jerusalén sucedió. ¿Pero qué ocurre con el versículo 29, que dice: «EL SOL SE OSCURECERÁ, LA LUNA NO DARÁ SU LUZ, LAS ESTRELLAS CAERÁN del cielo»? Podrás imaginar cuánto les gustaría a los escépticos de la Biblia usar este pasaje. Fácilmente podrían decir: «¡Oh, sí! El templo desapareció. Jerusalén fue destruida, los judíos se dispersaron por el mundo. Pero el sol sigue brillando, y la luna sigue ahí en la noche, y este desastroso retrato de todas esas perturbaciones astronómicas que iban a acompañar la venida del Hijo del Hombre no sucedieron. Por lo tanto, la predicción de Cristo no se cumplió». Las cosas empeoran cuando leemos lo que dice Jesús en los versículos 33-34: «Así también ustedes, cuando vean todas estas cosas, sepan que Él está cerca, a las puertas. En verdad les digo que no pasará esta generación hasta que todo esto suceda».

Hay muchos estudiosos, por quienes siento el mayor respeto, que llegan a conclusiones muy extrañas al abordar este texto. Ellos intentan cualquier forma imaginable para sacar este segmento de la predicción de Jesús fuera del contexto en que se encuentra. Pero parece claro que Jesús quiso abordar todas estas cosas como una unidad. Así que, ¿cómo deberíamos entender este pasaje?

Tenemos varias opciones. Una de ellas es invocar el principio del cumplimiento primario y secundario de las profecías. Cuando se dice una profecía, esta puede tener un cumplimiento inicial dentro de un período de una generación y luego tener un cumplimiento último muchos años después. Esta es una posibilidad cierta. Pero incluso si ese fuera el caso, aún nos queda el problema de explicar la descripción del sol que se oscurece y todas las demás perturbaciones astronómicas. No hay registro de que estas cosas hayan ocurrido.

Otro enfoque consiste en considerar el marco de tiempo. Frases tales como «que no pasará esta generación» o palabras como «inmediatamente» pueden tomarse, no literalmente, sino de modo figurativo. Muchos comentaristas prefieren este enfoque. Ellos creen que la referencia a esta generación es una referencia figurativa a cierto *tipo* de persona. No se refiere realmente a un tiempo aproximado de cuarenta años. Además, muchos entenderían las referencias de Jesús a Su retorno también en sentido figurativo.

Al parecer, una pregunta clave que deberíamos hacer es: ¿cómo se describen, de forma habitual, las referencias a un marco de tiempo en la Biblia? En un nivel aún más práctico para esta discusión, ¿cómo se describen habitualmente las predicciones del juicio universal de Dios? ¿Literal o figurativamente?

En la profecía del Antiguo Testamento hay un patrón útil que queda demostrado en los capítulos 13 y 34 de Isaías. Allí leemos descripciones vívidas del juicio divino sobre Babilonia y Edom que efectivamente aconteció en la historia. Cuando los profetas describían el juicio de Dios, decían cosas como: «Pues las estrellas del cielo y sus constelaciones no destellarán su luz. Se oscurecerá el sol al salir, y la luna no irradiará su luz» (Is 13:10), y «Todo el ejército de los cielos se consumirá, y los cielos se enrollarán como un pergamino. También todos sus ejércitos se marchitarán como se marchita la hoja de la vid, o como se marchita *la* de la higuera» (Is 34:4). Suena muy similar al lenguaje de Jesús, ¿verdad?

El lenguaje del juicio divino suele comunicarse mediante metáforas. Amós 5:20 dice: «¿No *será* tinieblas el día del Señor, y no luz, oscuridad, y no resplandor?».

En todo el Antiguo Testamento, hay varias advertencias proféticas a Israel respecto al juicio de Dios. El libro de Ezequiel se destaca como un excelente ejemplo. Ezequiel contiene algunas de las porciones más extrañas de la Escritura, tales como la descripción, en el capítulo 1, de la *merkabah* giratoria, la rueda dentro de la rueda. Muchos creen que esta es una referencia al trono rodante de Dios que lo lleva a diversos sitios del mundo para llevar juicio. Elías y Eliseo usaron este tipo de lenguaje en 2 Reyes 2:12: «Eliseo *lo* vio y clamó: "Padre mío, padre mío, los carros de Israel y su gente de a caballo". Y no lo vio más». Cuando Dios retiró Su gloria de Jerusalén en Ezequiel 10, la nube *Shekinah* iba acompañada del carro del juicio de Dios. En Mateo 24, Jesús emplea el mismo tipo de lenguaje cuando advierte a Su pueblo sobre lo que está por venir.

En el versículo 30, Jesús dice: «Entonces aparecerá en el cielo la señal del Hijo del Hombre». No conozco a ningún comentarista del evangelio de Mateo que hable con certeza dogmática sobre la verdadera naturaleza de esta señal. Pero existen algunas observaciones singulares en los escritos del historiador judío Josefo, respecto a ciertas señales que se observaron entre el 60 y el 70 d. C., una de las cuales fue un cometa flameante que cruzó los cielos. Examina un pasaje extraordinario de sus escritos. Parece tan extraño que da la impresión de que Josefo estuviera reacio a registrar este suceso.

> Aparte de estas [señales en los cielos], algunos días después de la fiesta, a los veintiún días del mes, ocurrió o apareció cierto prodigio e increíble fenómeno: yo supongo que contarlo parecería una invención, si no hubiera sido relatado por los que lo vieron, y si los acontecimientos que le siguieron no fuesen de naturaleza tan considerable como para merecer tales señales; porque, antes de la puesta del sol, se vieron carros y tropas de soldados con sus armaduras corriendo entre las nubes y los alrededores de la ciudad.

Además, en la fiesta que llamamos Pentecostés, cuando los sacerdotes iban durante la noche al [atrio del templo] interior, como era habitual, el sacerdote dijo que, en primer lugar, sintieron un temblor, y oyeron un gran ruido, y después de eso oyeron un sonido como de una gran multitud, que decía «vámonos de aquí».

Así, los sacerdotes y multitudes de otros pueblos testificaron que los mismos carros que rodearon la ciudad también aparecieron en las nubes con multitudes de soldados celestiales. Probablemente se justificaría que los llamásemos ángeles. Luego se escuchó una voz audible desde el cielo que decía «vámonos de aquí». Es casi el mismo fenómeno que aconteció cuando Dios dejó Jerusalén, en tiempos de Ezequiel (Ez 10).

A mí me parece que la lectura más natural de Mateo 24:29-35 sería que todo lo que Jesús dijo que sucedería ya ha acontecido en la historia. Él no se refería a un cumplimiento todavía futuro desde nuestro punto de vista. Él se refería a un juicio sobre la nación de Israel que aconteció en el 70 d. C.

Capítulo cinco

El día y la hora

Imagina que a las cuatro de la tarde recibes una llamada de un ladrón, quien te dice: «Para que sea justo, quería avisarte que a las ocho de la noche en punto voy a entrar en tu casa y robaré todo». Si lo tomaras en serio, ¿qué harías? Tendrías a todo el departamento de policía esperando al ladrón, y probablemente estarías armado para proteger a tu familia y tus posesiones. Jesús hace una observación similar mientras continúa Su discurso del monte de los Olivos.

> Pero de aquel día y hora nadie sabe, ni siquiera los ángeles del cielo, ni el Hijo, sino solo el Padre. Porque como en los días de Noé, así será la venida del Hijo del Hombre. Pues así como en aquellos días antes del diluvio estaban comiendo y bebiendo, casándose y dándose en matrimonio, hasta el día en que Noé entró en el arca, y no comprendieron hasta que vino el diluvio y se los llevó a todos; así será la venida del Hijo del Hombre.
>
> Entonces estarán dos en el campo; uno será llevado y el otro será dejado. Dos *mujeres estarán* moliendo en el molino; una será llevada y la otra será dejada. Por tanto, velen, porque no saben en qué día viene su Señor. Pero entiendan esto: si el dueño de la casa hubiera sabido a qué hora de la noche iba a venir el ladrón, hubiera estado alerta y no hubiera permitido que entrara en su casa. Por eso, también ustedes estén preparados, porque a la hora que no piensan vendrá el Hijo del Hombre (Mt 24:36-44).

La trama se complica al llegar a esta sección del discurso de los Olivos, y las dificultades de la interpretación no disminuyen en lo más mínimo. En este punto del texto, al parecer Jesús está variando Su énfasis. Algunos comentaristas creen que hasta el versículo 35, Jesús simplemente había estado hablando de la destrucción de Jerusalén. Pero en este punto del texto, Él desvía Su atención hacia asuntos relativos a Su venida final en el tiempo de la consumación de Su reino. Otros aducen que incluso los pasajes anteriores que se refieren a Su venida en gloria no se referían a Su venida en el 70 d. C., sino más bien a Su venida definitiva y culminante al final de la historia. Aún otros sostienen que Jesús está siguiendo un patrón profético del Antiguo Testamento.

Con la profecía del Antiguo Testamento suele ocurrir que tiene un cumplimiento cercano, pero también un cumplimiento último en el futuro. Este pasaje en particular también ha sido considerado como una refutación de mi postura de que estas cosas ya sucedieron en el pasado.

Es importante recordar que todo este discurso se originó con el anuncio de Jesús de que el templo sería destruido en Jerusalén. En vista de este anuncio, los discípulos le hicieron dos preguntas. Primero: «¿Cuándo sucederán estas cosas?»; y segundo: «¿Cuál *será* la señal de Tu venida y de la consumación de *este* siglo?».

Sería mucho más fácil si Jesús hubiera respondido la primera pregunta con las señales que da —hambres, terremotos y guerras— y luego hubiera terminado diciendo: «En verdad les digo que no pasará esta generación hasta que todo esto suceda» (v. 34), y después solo prosiguiera hablando de Su venida. Desafortunadamente para la tarea de interpretación, Él dice «todo esto». La mayoría creería que «todo esto» se refiere a los tres sucesos: la destrucción del templo, la destrucción de Jerusalén y la venida de Cristo. Este es el asunto que ha causado tanto escepticismo y crítica tanto sobre Jesús como sobre la confiabilidad de la Biblia.

Me asombra este escepticismo. Según como entiendo las palabras de Jesús, Él esencialmente está diciendo: «Puedo decirles que todas estas cosas van a suceder dentro de los próximos cuarenta años, pero no sé qué año, mes, día, ni hora». En el capítulo 1, usé la ilustración de la predicción del fin de los Estados Unidos dentro de doce meses, pero el no saber el día ni la hora específicos de ninguna manera niega la veracidad de la predicción. Por lo tanto, lo primero que vemos en este texto es que Jesús no se retracta de Su primera predicción sobre el cumplimiento de las cosas que profetizó.

Además, muchos lectores se molestan cuando Jesús dice que Él no sabe el día ni la hora. De ser así, ¿cómo podría saber qué ocurriría dentro de cuarenta años? Se necesitaría conocimiento sobrenatural para poder predecir la destrucción del templo y de Jerusalén con una precisión tan asombrosa. ¿Por qué sus capacidades sobrenaturales se limitarían a generalidades? ¿Por qué Jesús no puede darnos detalles más específicos?

El problema no es tan grave si tenemos una comprensión ortodoxa de la encarnación. El Concilio de Calcedonia en el 451 d. C. claramente reconoció la naturaleza misteriosa de la encarnación, confesando que Cristo posee dos naturalezas —la divina y la humana— en una persona. Los seres humanos son incapaces de comprender exhaustivamente cómo están unidas las dos naturalezas de Jesús en una persona. Pero Calcedonia sí definió claramente los límites de nuestra especulación respecto al misterio de la encarnación. El concilio declaró que Jesús es *vere homo, vere deus*, que significa «verdaderamente hombre y verdaderamente Dios». Su verdadera humanidad está unida a la verdadera deidad de la segunda persona de la Divinidad. El límite que estableció el concilio se aprecia en la insistencia del Credo de Calcedonia en que esta unión fue sin *confusión*, sin *cambio*, sin *separación* y sin *división*. Cada naturaleza conserva sus propios atributos. Esto significa que la encarnación no produjo una sola naturaleza compuesta donde la deidad y la humanidad se mezclan de tal manera que lo divino no es realmente divino y lo humano no es realmente humano, cuyo resultado sería un *tertium quid*, una «tercera cosa» que no sería ni Dios ni hombre sino algo distinto. El concilio fue muy cuidadoso al insistir en que cada naturaleza de Jesús conserva sus propios atributos. Una naturaleza humana deificada ya no es humana, y una naturaleza divina humanizada ya no es divina. Pero en la encarnación, los atributos de la deidad permanecen en la naturaleza divina y los atributos de la humanidad permanecen en la naturaleza humana.

Hay momentos en el ministerio terrenal de Jesús cuando Él manifiesta claramente Su naturaleza humana. Por ejemplo, Él tuvo hambre, se cansó y fue susceptible al dolor físico. Puesto que Jesús fue un verdadero ser humano, Su naturaleza humana no poseía omnisciencia. Por otra parte, la naturaleza divina frecuentemente comunicó conocimiento sobrenatural a la naturaleza humana de Jesús. Hubo momentos cuando Jesús dijo cosas que ningún ser humano podría haber sabido. Pero esta verdad no significa que la naturaleza divina le comunicara todo a la naturaleza humana. Así que cuando Jesús dice: «No conozco el día ni la hora», está hablando de Su humanidad. La naturaleza humana no es omnisciente. Según Su humanidad, Jesús sabía que el período de tiempo para Sus profecías sería de cuarenta años, pero desconocía los demás detalles. Nos creamos muchos problemas cuando tratamos de deificar la naturaleza humana de Jesús. En este caso, la naturaleza humana de Jesús conocía el marco de tiempo general de la generación, pero no el día ni la hora.

Jesús prosigue para describir las circunstancias de Su venida. Yo no estoy seguro de si simplemente está hablando del juicio a Jerusalén o además sobre lo que sucederá al momento de Su aparición final, pero cualquiera que sea el caso, hay un tono de advertencia y urgencia. Él dice en el versículo 37: «Porque como en los días de Noé, así será la venida del Hijo del Hombre». ¿Qué tienen en común aquí Noé y Jesús?

Dios le dijo a Noé que venía la lluvia y le ordenó que comenzara a trabajar en la construcción de un arca. ¿Te imaginas cómo debieron burlarse de él sus amigos? Pero Noé simplemente siguió martillando mientras la gente seguía riéndose sin prestar atención al juicio que se acercaba. En los días de Noé, la gente estaba comiendo y bebiendo, casándose y dándose en casamiento, hasta el día en que Noé entró en el arca y comenzó a llover. Todos los que se burlaban descubrieron bastante pronto que Noé sabía muy bien lo que hacía.

Hoy en día, el mundo entero está lleno de gente que se burla tal como lo hicieron los críticos de Noé. Nuestro Señor advierte que cada uno de nosotros será llamado a rendir cuentas, pero nadie sabe cuándo sucederá esto. Pero nosotros estamos relajados, comiendo y bebiendo, y nos reímos de aquellos que advierten sobre el juicio de Dios. ¿No es Dios un Dios de amor, a fin de cuentas? Como fue en los días de Noé, así será cuando venga el Hijo del Hombre. El juicio de Dios caerá cuando nadie lo busque o lo espere.

Jesús dice en los versículos 43-44: «Pero entiendan esto: si el dueño de la casa hubiera sabido a qué hora de la noche iba a venir el ladrón, hubiera estado alerta y no hubiera permitido que entrara en su casa. Por eso, también ustedes estén preparados, porque a la hora que no piensan vendrá el Hijo del Hombre».

Muchos han intentado predecir la hora del regreso de Jesús, pero cada uno de ellos se ha equivocado. Jesús no nos da un calendario, sino que dice: «Estén preparados y vigilantes». En otro lugar, Él concluye preguntando: «No obstante, cuando el Hijo del Hombre venga, ¿hallará fe en la tierra?» (Lc 18:8). Jesús se refiere a Su regreso final. Si viene antes de que yo muera, quiero asegurarme de que Él halle fe en mí. Ya sea que venga ahora o que vayamos a Él en nuestra muerte, habrá una rendición de cuentas y un juicio del que ningún ser humano podrá escapar. Necesitamos estar listos; necesitamos estar preparados; necesitamos estar vigilando.

Capítulo seis

El siervo fiel y el malvado

Imagina que vas a cenar a un restaurante y pides tu plato, y el mesero te dice: «Muy buena elección. Lamentablemente, estamos un poco atrasados en la cocina en este momento, pero si está dispuesto a esperar, tendremos su cena preparada a su gusto dentro de unas tres horas». Creo que no estarías muy feliz de oír eso. A nadie le gusta esperar su plato una eternidad cuando sale a comer. Estamos acostumbrados a esperar entre diez y veinte minutos una comida, pero si nuestro tiempo de espera se acerca a alrededor de una hora, incluso en un buen restaurante, quizá le preguntaríamos al administrador si hay algún problema. Si nos hacen esperar por nuestra comida más tiempo que eso, no cabría duda de que hay algún problema. Alguien no está haciendo su trabajo.

El concepto de cumplir con nuestro deber es un tema importante al continuar el análisis del discurso del monte de los Olivos. Al concluir Su discurso, Jesús habla del siervo fiel, quien realiza bien y oportunamente sus deberes, y del siervo malvado, quien no lo hace. Jesús ha estado advirtiendo a Sus discípulos que vigilen diligentemente Su retorno. Analicemos el resto del capítulo:

> ¿Quién es, pues, el siervo fiel y prudente a quien su señor puso sobre los de su casa para que les diera la comida a su tiempo? Dichoso aquel siervo a quien, cuando su señor venga, lo encuentre haciendo así. De cierto les digo que lo pondrá sobre todos sus bienes. Pero si aquel siervo *es* malo, *y* dice en su corazón: «Mi señor tardará»; y empieza a golpear a sus consiervos, y come y bebe con los que se

> emborrachan, vendrá el señor de aquel siervo el día que no *lo* espera, y a una hora que no sabe, y lo azotará severamente y le asignará un lugar con los hipócritas; allí será el llanto y el crujir de dientes (Mt 24:45-51).

Cuando yo estaba en el seminario, uno de los profesores era el Dr. Markus Barth, hijo del famoso teólogo suizo Karl Barth. Recuerdo que quedé pasmado cuando Markus Barth elaboró un artículo académico sobre las primeras palabras de la carta de Pablo a los Romanos: «Pablo, un esclavo de Jesucristo». Se han escrito muchos tomos voluminosos sobre la palabra *Jesucristo*, pero lo que me asombró fue que el manuscrito de Barth se enfocaba completamente en la palabra *esclavo*.

La palabra que usa Jesús y que se traduce como «siervo», a veces se traduce como «esclavo». La gente tiene una reacción negativa a esa palabra, pero la gran ironía de la enseñanza del Nuevo Testamento es que nadie llega a ser verdaderamente libre hasta que se convierte en esclavo de Jesucristo. Todos somos esclavos de una manera u otra. O somos esclavos de Cristo, o somos esclavos del pecado. No hay otra opción para la humanidad.

Una de las metáforas favoritas de Pablo para el estatus del cristiano en Cristo es «ustedes no se pertenecen a sí mismos» (1 Co 6:19). ¿Qué quiere decir con eso? La idea de Pablo es que los cristianos jamás pueden considerarse autónomos. Él prosigue y explica que no somos nuestros dueños, porque hemos sido comprados por un precio (v. 20). Jesús pagó el precio requerido por nuestra salvación. La metáfora de Pablo es vital para la vida cristiana.

Jesús pregunta: «¿Quién es, pues, el siervo fiel y prudente?». Este es un asunto de fidelidad. ¿Quién es un siervo fiel? Es un término extraño para referirse a un siervo que está bajo la completa propiedad de otro. Pero el significado más sencillo de un siervo fiel es aquel que está lleno de fe, en el que se puede confiar y que es consecuente en su lealtad hacia su dueño.

Jesús prosigue en el versículo 45: «¿Quién es, pues, el siervo fiel y prudente a quien su señor puso sobre los de su casa para que les diera la comida a su tiempo?». El amo salió de viaje y llamó a uno de sus siervos para que fuera mayordomo de la casa mientras él estaba lejos. Este señor deja a su siervo a cargo de todos los asuntos de la casa. Observamos que Jesús enfatiza que la puntualidad es importante. Jesús dijo que el siervo fiel no solo era responsable de proveer alimento, sino de hacerlo a tiempo. Él dijo que este siervo sería bendecido si su señor lo encontraba haciendo su trabajo a su regreso. El buen siervo, el siervo bueno y prudente, es aquel que hace lo que su amo lo llama a hacer. Jesús dice en el versículo 47: «De cierto les digo que lo pondrá sobre todos sus bienes». El señor le dará aún más responsabilidad y estima al siervo porque ha sido fiel en las cosas que se le han dado. Esto hace eco de las palabras de Jesús en Lucas 16:10, que el que quiera recibir más responsabilidad en el reino primero debe ser fiel en cosas pequeñas.

Luego, en los versículos 48-51, Jesús describe al siervo malvado: «Pero si aquel siervo *es* malo, y dice en su corazón: «Mi señor tardará»; y empieza a golpear a sus consiervos, y come y bebe con los que se emborrachan, vendrá el señor de aquel siervo el día que no *lo* espera, y a una hora que no sabe, y lo azotará severamente y le asignará un lugar con los hipócritas; allí será el llanto y el crujir de dientes». Aquí, el siervo malvado tiene un diálogo interno. Piensa: «Mi señor se ha ido. ¿Quién sabe cuándo volverá? ¿O si es que vuelve? ¡Es hora de hacer fiesta! Mi señor se ha tardado y puedo hacer lo que quiera».

Quizá no te identifiques plenamente con el siervo malvado, pero la mayoría de nosotros tenemos trabajos y empleadores. ¿Cómo trabajas cuando nadie te mira? ¿Estás ocupado en tu tarea? ¿Estás comprometido con la responsabilidad que se te ha dado? O cuando no hay un supervisor observándote, ¿te aprovechas de la falta de vigilancia para hacer lo que se te antoje?

¿Por qué nuestra conducta cambia cuando nadie está observando? ¿Por qué las empresas tienen relojes donde los trabajadores tienen que marcar cada día? ¿Por qué simplemente no podemos esperar que las personas lleguen a trabajar y se vayan cuando se supone que tienen que hacerlo? Es porque tendemos a comportarnos de una forma cuando nos vigilan y de forma distinta cuando no estamos bajo supervisión. Considera la parábola del hijo pródigo en Lucas 15:11-32. ¿No es interesante que el hijo se haya llevado la herencia de su padre a un país lejano para despilfarrarla? Lo hizo así porque en el país extraño nadie lo conocía. Nadie lo vigilaba. Podía estar libre de cualquier restricción.

El siervo malvado no es ni fiel ni sabio. Es como el necio del Salmo 53:1, que dice en su corazón: «No hay

Dios». El autoengaño más grave y fatal del malvado es su convicción de que Dios no lo juzgará. La Biblia nos dice que Dios es benigno y paciente. El motivo de esta bondad y misericordia es darnos tiempo para arrepentirnos y volvernos a Cristo. Pero nunca deberíamos asumir que la paciente gracia de Dios significa que Él no nos llamará a rendir cuentas. Muchos están tentados a pensar de esa forma. En este pasaje, Jesús se dirige a aquellos que asumen que el Señor jamás regresará. Ellos piensan que eso les da licencia para hacer lo que les plazca. No hay supervisión; no hay fidelidad; no hay confianza; no hay sabiduría.

El señor del siervo vendrá un día cuando este menos lo espere, y a una hora que no sabe. Y el señor le dirá al siervo fiel: «Te dejé una responsabilidad. Te bendije. Te di un estatus elevado en mi reino y una mayor responsabilidad». Pero para el esclavo malvado no habrá más que juicio y separación de la casa del señor. La respuesta del siervo malvado será llanto y crujir de dientes.

¿Has visto a una persona llorar y hacer crujir los dientes? Una vez conocí a un hombre que fue atrapado en un pecado muy grave. Comenzó a llorar, gemir y sollozar. Nada lograba consolarlo. Cuando su llanto comenzó a menguar, el hombre dijo: «¿Cómo pude hacer esto? ¿Por qué lo hice?». Esta será la escena de aquellos que han ignorado a su señor.

Por lo tanto, la pregunta obvia es, ¿qué estarás haciendo cuando Él venga? ¿Encontrará que has sido fiel todo el tiempo y no solo ocasionalmente? Cristo nos ha comprado para Él y nos ha dado una tarea a realizar, ya sea que podamos verlo a Él físicamente o no. Esperamos que cuando Él venga nos encuentre fieles.

Acerca del autor

El Dr. R.C. Sproul fue fundador de Ministerios Ligonier, primer ministro de predicación y enseñanza en Saint Andrew's Chapel en Sanford, Florida, primer rector del Reformation Bible College y editor ejecutivo de la revista *Tabletalk*. Su programa de radio, *Renovando Tu Mente*, se sigue transmitiendo diariamente en cientos de emisoras de radio por todo el mundo y también está disponible en línea. Fue autor de más de cien libros, entre ellos *La santidad de Dios*, *Escogidos por Dios* y *Todos somos teólogos*. Fue reconocido en todo el mundo por su articulada defensa de la inerrancia de la Escritura y la necesidad de que el pueblo de Dios se pare con firmeza en Su Palabra.

Para más recursos de Ministerios Ligonier, por favor visita *es.Ligonier.org*.

Otros libros de

Ligonier + Poiema